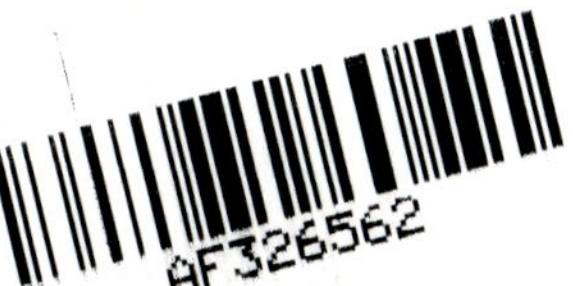
AF326562